Dieses Buch gehört:

....

Aufgepaßt!

Lisa und Jakob

Geh nie mit einem Fremden . . .

und andere heikle Situationen

Ein Hilfe- und Ratgeberbuch von Brigitte Trinkl und Reingard Kopsa

Im Auftrag hergestellte Sonderausgabe

Illustrationen: Reingard Kopsa
Texte: Dr. Brigitte Trinkl

Gesamtherstellung: Der Graph, Wien
Printed in Italy

Liebe Eltern!

Auch wenn man noch so vorsichtig ist, kann es passieren, daß unsere Kinder in heikle oder sogar gefährliche Situationen kommen. Dann ist es wichtig, im entscheidenden Moment rasch und vor allem richtig zu handeln. Die einzelnen Geschichten dieses Buches sollen einen Anstoß geben, sich mit Kindern über einige dieser Situationen zu unterhalten. Sie sollen mißtrauisch und vorsichtig machen, aber nicht ängstigen. Deshalb haben wir jedes Mal versucht, eine mögliche Handlungsweise anzubieten. Das heißt aber nicht, daß dies die einzige denkbare und richtige Lösung ist. Im Gespräch mit ihren Kindern können Sie herausfinden, welche anderen Möglichkeiten es noch gäbe. Vielleicht schauen Ihre Lösungen für manche Geschichten ganz anders aus. Aber es ist wichtig, mit Kindern rechtzeitig auch über heikle Sitiationen zu sprechen und ihnen Mut zu machen, selbstständig und verantwortungsvoll zu handeln.

Geh nie mit einem Fremden!

Jakob hat sich nach der Turnstunde vertrödelt. Das Fußballspielen mit den Freunden war so lustig, daß keiner aufhören wollte.
Doch langsam wird es dunkel. „Jetzt aber schnell nach Hause“, denkt Jakob und nimmt die Abkürzung durch die schmale Gasse. Da hält plötzlich ein Auto neben Jakob. Ein Mann steigt aus. „Ich suche den Gasthof Meier,“ sagt er. Jakob denkt kurz nach, dann beschreibt er den Weg. „Das ist aber sehr kompliziert“, meint der Mann. „Willst du nicht einsteigen und mir den richtigen Weg zeigen?“ Jakob erinnert sich daran,

daß seine Eltern schon oft gewarnt haben: Geh mit keinem Fremden mit! Steig niemals in ein fremdes Auto ein! „Nein“, sagt Jakob. „Ich darf mit niemandem mitgehen“. „Diesmal kannst du eine Ausnahme machen. Ich habe eine große Tafel Schokolade. Die bekommst du als Belohnung, wenn du mir den Weg zeigst“, lockt der Fremde. „Jakob liebt Schokolade, aber trotzdem bleibt er standhaft und überlegt: Wie werde ich diesen Mann wieder los? Dann sagt er: „Fragen Sie doch einen Erwachsenen. Dort kommt ohnehin gerade meine Mutter!“ Da steigt der Fremde plötzlich in sein Auto ein und fährt schnell davon. Nächstes Mal wird Jakob wieder auf der belebten Straße gehen.

Wer ist an der Tür?

Lisa, Jakob und Jutta sind allein zu Hause. Die Mutter hatte die Eier für den Kuchen vergessen und ist schnell noch einmal zum Kaufmann gelaufen. „Eine Sechs!“ ruft Jakob begeistert, da klopft es plötzlich an der Tür“. „Wer kann das sein?“ fragt Jutta. „Keine Ahnung“, meint Lisa.

„Schauen wir nach“, schlägt Jutta vor. „Nein“, entgegenet Jakob. „Papa sagt immer: öffnet niemandem die Tür, wenn ihr allein zu Hause seid.“ Denn leider gibt es auf der Welt nicht nur Menschen, die Gutes tun. Deshalb solltest auch du keinesfalls öffnen, wenn du nicht weißt, wer

draußen ist. Sage niemals, daß du allein zu Hause bist. „Vielleicht ist es Robert", sagt Jutta. „Er wollte doch nach dem Turnen kommen." „Ich frage lieber, wer es ist", antwortet Jutta. „Ich bringe ein Paket!" tönt es von draußen. „Was machen wir jetzt?" fragt Jakob unsicher. „Rufen wir Tante Paula an", erinnert sich Lisa an Mamas Ratschlag. Tante Paula wohnt im selben Haus und paßt oft auf Lisa und Jakob auf, wenn die Eltern abends ausgehen. „Wenn es wirklich der Postbote ist, wird Tante Paula das Paket übernehmen."

Was würdest du tun? Frage deine Eltern, wie du dich verhalten sollst. Macht euch ein Klingelzeichen aus, an dem ihr einander erkennt.

Verbrennen tut weh!

Lisa und Jakob sind bei Tante Herta und Onkel Toni zum Grillen eingeladen. Beide helfen bei den Vorbereitungen mit. Sie knüllen Zeitungspapier zusammen und legen es auf. Darüber bilden sie eine Pyramide aus Holzstücken. Innen die ganz dünnen Holzspäne, außen die stärkeren Stücke. Onkel Toni zündet das Papier an. Begeistert schauen Lisa und Jakob in die Flammen. „Geht nicht zu nahe zum Feuer“, warnt Onkel Toni. „Keine Angst, Onkel“, sagt Jakob. „Wir passen schon auf.“
Tante Herta hat inzwischen die

Würstchen und das Fleisch vorbereitet. Als Onkel Jakob die Grillkohle mit dem Schürhaken verteilt, droht ein Stück zu Boden zu fallen. Und da passiert es auch schon. Lisa greift unwillkürlich hin und verbrennt sich. „Das tut weh!“ jammert sie. „Schnell, kaltes Wasser darüber“, rät Onkel Toni. Jakob dreht den Hahn auf und Lisa hält die Hand unter das rinnende Wasser. „Das ist furchtbar kalt“, klagt sie. „Es ist aber die beste Erste Hilfe“, antwortet Tante Herta. „Momentan ist das kalte Wasser zwar nicht angenehm, aber es lindert die Schmerzen und hält die Brandblasen klein.“ Anschließend suchen sie einen Arzt auf, der die Brandwunde richtig versorgt.

Gespenster in der Nacht

Es ist Nacht. Lisa wacht plötzlich auf. Sie hat schlecht geträumt. Jetzt ist ihr ganz unheimlich. Riesige Schatten streichen durch das Zimmer und werden zu Drachen und Gespenstern. Hat sich da nicht etwas bewegt? Und dort - schleicht sich da nicht jemand zur Tür herein? Und am Fenster, da klopft es doch auch! Lisa kriecht zitternd unter die Bettdecke und weint. Gott sei Dank kommen Mama und Papa herein und trösten sie. „Schau Lisa“, erklärt Papa. „Das Fenster ist offen, der Vorhang bewegt sich im Wind und sein Schatten verändert sich dauernd.

Das sieht dann so aus, als würden sich Figuren bewegen." „Das waren wahrscheinlich die Gespenster, die ich gesehen habe!" ist Lisa erleichtert. „Aber Schritte habe ich auch gehört." „Das waren bestimmt Zweige, die ans Fenster geklopft haben", meint Mama. „Oder du hast unseren Flecki gehört, als er an dein Bett gelaufen ist. In der Nacht kommen einem alle Geräusche viel lauter vor als am Tag." „Ich mache jetzt jedenfalls das Fenster zu," beschließt Papa. Mama dreht eine kleine Bettlampe auf und steckt ein Nachtlicht in die Steckdose. „Jetzt ist es viel gemütlicher", freut sich Lisa und nimmt ihren Teddy in den Arm. „Du brauchst dich nicht zu fürchten. Ich beschütze dich jetzt."

Vier Räder sind stärker als zwei

Lisa und Jakob sind gerade auf dem Weg in den Park. Dort wollen sie mit ihren Freunden spielen. Jutta treffen sie unterwegs an der Kreuzung. Peter biegt gerade mit dem Fahrrad um die Ecke. „Hallo, Peter!“ ruft Lisa“, als Peter den Freundinnen zuwinkt. Dabei übersieht er ein Auto.

Und dann geht alles furchtbar schnell. Reifen quietschen, es kracht und scheppert und schon liegt Peter auf dem Gehsteig. „Ist es schlimm?“ fragt Lisa zitternd. Peter antwortet ganz leise: „Mir ist so komisch und das rechte Bein tut weh. ”Bitte, ruft jemand die Rettung an”, ersucht der

Autofahrer, während er Peter zudeckt. „Du hast bestimmt einen Schock. Deshalb ist es ganz wichtig, daß dir nicht kalt wird.” Jakob läuft inzwischen in das nächste Geschäft und verständigt die Rettung: „ An der Kreuzung Lange Gasse - Hauptstraße ist ein Unfall passiert. Ein Autofahrer hat meinen Freund angefahren.“ Bald sind Rettung und Polizei da. Der Arzt stellt fest: „Wir müssen dich leider ins Krankenhaus bringen. Das Bein dürfte gebrochen sein.”

Die Polizeibeamten schreiben inzwischen genau auf, wie der Unfall passiert ist. Sie werden auch den Eltern berichten, was geschehen ist und in welchem Spital Peter behandelt werden wird.

Eine seltsame Gestalt

Es ist Abend, als Lisa und Jakob ein seltsames Geräusch hören. Es klingt, als ob etwas zu Boden gefallen wäre. Die beiden machen einen Blick in die Küche, aber da ist nichts Ungewöhnliches zu sehen. Auch sonst ist alles in der Wohnung in Ordnung. Kein Bild ist von der Wand gefallen, keine Vase umgekippt. Deshalb schauen sie aus dem Fenster. Es ist dunkel, die Straße ist menschenleer. Nur beim Elektrohändler gegenüber bewegt sich etwas. „Was macht denn Herr Müller so spät noch in seinem Geschäft?“ wundert sich Jakob.

„Seltsam, die Glasscheibe ist zerbrochen! Ich glaube, da versucht jemand einzubrechen“, sagt Lisa. „Es sieht ganz so aus,“ meint auch Jakob. „Sollen wir Herrn Müller anrufen?“ fragt Lisa. „Zuerst rufen wir bei der Polizei an und fragen, was wir tun sollen“, schlägt Lisa vor. Gesagt, getan. Jakob wählt die Nummer, gibt die genaue Adresse an und erzählt, was sie beobachtet haben. Der Polizeibeamte sagt, daß er jemanden vorbeischicken wird. Ein paar Minuten später kommt ein Einsatzwagen mit zwei Polizisten. Inzwischen hat der Einbrecher hat schon einige Geräte in seinen Wagen geladen. Gerade, als er wieder eine Ladung verstauen will, wird er überrascht.

Jakob geht verloren

Mama ist mit Lisa und Jakob einkaufen. Jetzt sind sie gerade in der Spielwarenabteilung eines großen Kaufhauses. Da gibt es viel zu sehen! So viele tolle Spielsachen! Lisa und Jakob hätten am liebsten alles. Doch dann entscheiden sie sich für ein Spiel, bei dem die ganze Familie mitspielen kann. „Kommt, schauen wir in die Schuhabteilung," sagt Mama und geht weiter. Doch Jakob kann sich nicht und nicht von dem Kranwagen trennen. Er merkt gar nicht, daß Lisa und Mama weiter gegangen sind. „Schau, Mama, was der alles kann!" ruft er. Erst als ihm

niemand antwortet, schaut Jakob um sich. Wo ist Mama? Und wo ist Lisa? Jakob läuft durch die ganze Spielwarenabteilung, doch Mama ist nirgends zu sehen. Jakob überlegt, was er tun soll. Dann geht er zu einer Verkäuferin und erzählt ihr von seinem Unglück. „Mach dir keine Sorgen", beruhigt ihn die Frau. So etwas kommt öfter vor. Wir finden die beiden gleich wieder." Dann geht sie mit Jakob zum Informationsschalter. Die Dame fragt ihn nach seinem Namen und ruft ihn über die Lautsprecheranlage aus. „Der kleine Jakob hat seine Mutter verloren. Er wartet bei der Information im Erdgeschoß." Bald darauf kommen Mama und Lisa und schließen Jakob erleichtert in die Arme.

Ein Gewitter kommt

Lisa und Jakob sind mit ihrem Vater am See baden. Es ist herrliches Wetter, die Sonne brennt vom Himmel,und alle genießen das kühle Wasser. Doch langsam ziehen dunkle Wolken auf. „Lisa, Jakob, kommt aus dem Wasser“, sagt Papa. „Dort hinten wird es ganz finster. Die Wolken sehen sehr nach Gewitter aus.“ „Ich will aber noch im Wasser bleiben“, bettelt Jakob. „Es ist gerade so lustig .“ „Mir macht der Regen auch nichts“, stimmt ihm Lisa bei. „Ich bleibe bei dir.“ „Nein, ihr kommt jetzt ganz schnell aus dem Wasser. Es ist gefährlich, während eines

Gewitters im See zu bleiben. Blitze schlagen oft ins Wasser ein. Wollt ihr, daß sie euch treffen?“ Da kommen Lisa und Jakob aber schnell aus dem Wasser! „Dann schauen wir den Blitzen vom Zelt aus zu“, meint Jakob. „Nein“, sagt der Vater. „Im Zelt ist es besonders gefährlich. Die Metallteile ziehen den Blitz geradezu an.“ Dann stellen wir uns unter den Baum“, schlägt Lisa vor. Aber auch das wäre schlecht, denn Blitze schlagen sehr oft in Bäume ein. Am günstigsten ist es, sich unter eine Hecke oder in eine Mulde zu kauern. Die Füße sollen ganz eng neben einander sein. Im Gebirge sollte man außerdem die Rucksäcke weit weg ablegen, weil sie oft Metallteile enthalten.

Es brennt!

Lisa und Jakob spielen im Haus. „Da riecht es aber komisch.“ sagt Lisa plötzlich.“ „Komisch“, meint Jakob. „Es riecht so verbrannt.“ „Das kommt von draußen!“ ruft Lisa und eilt zum Fenster. „Es brennt bei Frau Meier!“ schreit Jakob aufgeregt. „Was jetzt?“ „Wo ist die Frau Meier? Ist sie vielleicht im Haus?“ fragt Lisa. „Keine Ahnung“, antwortet Jakob. „Ich rufe die Feuerwehr an, “ beschließt Lisa. „Und ich schaue, ob einer von den Nachbarn zu Hause ist“, sagt Jakob. Lisa liest die Nummer der Feuerwehr von einem Zettel, der beim Telefon hängt. Als sich der Beamte meldet,

nennt Lisa die Straße und die Nummer von Frau Maiers Haus. Während sie noch telefoniert, kommt Frau Maier vom Einkaufen. „Das Bügeleisen!“ ruft sie erschrocken: „Ich habe vergessen, das Bügeleisen abzuschalten!“ „Die Feuerwehr ist schon unterwegs“, beruhigt sie Jakob. Da kommt sie auch schon mit. Die Feuerwehrmänner springen vom Wagen, rollen ihre langen Wasserschläuche aus und löschen den Brand. „Das habt ihr gut gemacht“, lobt ein Feuerwehrmann. Wenn man einen Brand nicht selbst löschen kann, muß man das brennende Zimmer so schnell wie möglich verlassen, die Türe schließen und die Feuerwehr verständigen.

Eine böse Überraschung

Lisa, Jakob und ihre Eltern machen Urlaub in den Bergen. Es ist ein wunderschöner Tag, gemeinsam beschließen sie, eine Wanderung auf den Hochstein zu machen. Sie sind gut ausgerüstet. Jeder hat feste Bergschuhe an, Pullover und Regenjacken stecken sie in den Rucksack, obwohl die Wettervorschau gut ist. Man weiß ja nie! Beim Abstieg ruft Jakob: „Fang mich!“ und läuft davon. „Na warte nur“ ruft Lisa. „Gleich hab ich dich!“ „Nicht laufen! Das ist zu gefährlich auf dem holprigem Weg!“ warnt Papa. Doch zu spät. Jakob stolpert

und schlägt sich das Bein an. „Mein Fuß! Mein Fuß!“ jammert er, während sein Fuß immer dicker wird. „Ich hole Hilfe aus dem Tal“ sagt Papa und macht sich auf den Weg. „Gut, daß ich genug zu essen und zu trinken eingesteckt habe“, meint Mama, während sie auf Papa warten. Langsam wird es dunkel. „Hoffentlich findet uns Papa“, ist Lisa besorgt. „Er hat sich den Weg ganz genau auf der Karte angeschaut“, beruhigt Mama. „Wir können aber auch mit unserer Taschenlampe Notsignale senden.“ Da biegt Papa schon mit einem jungen Mann um die Ecke. „Gut, daß ihr in der Hütte angegeben habt, wohin ihr geht. Wenn ihr am Abend nicht gekommen wärt, hätten wir euch gesucht.“

Retter in der Not

Es ist ein wunderschöner Tag. Lisa und Jakob sind mit ihren Freunden am See Eislaufen. „Hört ihr das auch?“ fragt Lisa plötzlich. „Manchmal knistert es so komisch.“ „Macht euch nichts draus“, sagt Robert und zieht eine kunstvolle Schleife. „Ist das Eis wirklich dick genug?“ fragt Bettina unsicher. „Ach, ihr Mächen, ihr habt immer gleich Angst“, antwortet Robert. „Gestern war das Eis noch fest genug.“ „Heute ist es aber wärmer“, gibt Lisa zu Bedenken und fährt zum Ufer. „Wenn es knistert, ist es erst richtig lustig.“ ruft Robert.

Doch plötzlich stößt er einen Schrei aus: „Hilfe, ich versinke!“ Jutta setzt sich vor Schreck hin. „Robert ist eingebrochen!“ schreit Jakob entsetzt. „Wir holen dich heraus!“ ruft ein Mann, der gerade in der Nähe ist. „Halte dich einstweilen am Rand des Eises fest.“ Vom Haus am Ufer wird eine Leiter und eine Decke geholt. Dann legt der Mann die Leiter auf das Eis, legt sich selbst darauf und schiebt sich vorsichtig in Roberts Nähe. Das Eis knackst und knirscht, doch dann ist es geschafft. Robert ist wieder am sicheren Ufer. Schnell zieht er die nassen Kleider aus, wickelt sich in die warme Decke und trinkt einen Becher heißen Tee.
Ein zweites Mal wird ihm das nicht wieder passieren!